Cultes et sanctuaires égyptiens à Délos

Hélène Brun-Kyriakidis

ÉCOLE FRANÇAISE D'ATHÈNES
ΓΑΛΛΙΚΗ ΣΧΟΛΗ ΑΘΗΝΩΝ

Note de l'auteur

Les initiales *IG* et *ID* des sources citées en fin d'ouvrage renvoient aux corpus des *Inscriptiones Graecae* et des *Inscriptions de Délos*. Les numéros précédés de la lettre A identifient les statues et reliefs conservés au musée archéologique de Délos.

Le signe ★ indique un monument localisé sur les plans des rabats de couverture.

Les lettres identifiant les monuments des Sarapieia A et C sur les plans **1 2**, **24** et **26** correspondent à celles utilisées dans Ph. Bruneau, J. Ducat, *Guide de Délos* (2005).

Repères chronologiques

Toutes les dates s'entendent « avant notre ère », sauf précision contraire.

317-167 : période de l'Indépendance à Délos, après la première domination athénienne.

début du IVᵉ s. : émergence de la figure de Sarapis à Alexandrie (Égypte) et hellénisation de la déesse Isis.

fin du IVᵉ s. : début de la diffusion des cultes isiaques hors d'Égypte.

167 : début de la seconde domination athénienne ; le port de Délos est exempté de taxes par le Sénat romain au bénéfice d'Athènes. Les Déliens sont expulsés.

88 : première « catastrophe » délienne. Soutenu par certaines cités grecques hostiles à la fiscalité romaine, le roi Mithridate Eupator mène une série de conquêtes qui l'opposent à Rome. Ses troupes prennent Délos en 88 et l'île est dévastée.

69 : seconde « catastrophe » délienne. Sous le commandement d'Athénodoros, les pirates alliés de Mithridate saccagent une nouvelle fois la ville. Le commerce délien ne se relève pas de cet épisode.

Introduction

Demeurée célèbre jusqu'à nos jours pour son sanctuaire d'Apollon, l'île de Délos était dans l'Antiquité un port de commerce florissant qui accueillait, aux côtés des Grecs, beaucoup d'étrangers attirés par les affaires. De nombreuses divinités exotiques y étaient vénérées, certaines d'origine orientale, d'autres venues d'Occident avec la communauté des Italiens. Parmi elles, les dieux égyptiens tiennent une place importante et leur arrivée est précoce. Elle remonte au IIIᵉ s., avant l'explosion démographique qui suivit la décision du Sénat romain de faire de l'île un port franc en 167.

La diffusion des cultes égypto-grecs en dehors de la vallée du Nil accorde une place prépondérante à la déesse Isis, d'où le nom de « cultes isiaques » sous lequel on les désigne ordinairement. À Délos comme ailleurs, la déesse fait l'objet d'une dévotion importante mais c'est le dieu Sarapis qui se trouve au centre du panthéon, formant avec Isis et Anubis une triade qu'entourent Harpocrate, Ammon ou encore Osiris. Les Déliens lui ont consacré trois sanctuaires. Leurs aménagements singuliers, les inscriptions et le mobilier qu'ils contiennent fournissent de précieuses informations sur les pratiques cultuelles. D'autres vestiges permettent de mesurer les marques de dévotion individuelle. Les fouilles des maisons et de la nécropole de Rhénée ont livré des éléments de parures, des statuettes, des scarabées ; toute une série d'*isiaca* ou d'*aegyptiaca*, comme on les désigne parfois, qui font de Délos un des sites de Grèce les plus riches d'enseignements sur les cultes isiaques à l'époque hellénistique.

(1)

Des dieux venus d'Égypte

Le dieu Sarapis, particulièrement vénéré à Délos, est une divinité composite qui mêle certains traits osiriens et d'autres empruntés à Zeus et Hadès. En Égypte, son culte a été développé par les premiers Ptolémées, souverains grecs du pays après sa conquête par Alexandre, qui fondèrent à Alexandrie un Sarapieion très actif. Le nom « Sarapis » viendrait de l'égyptien *Osor-Api*, « l'Osiris d'Apis », qui désignait le dieu Apis après sa mort, dans son sanctuaire de Memphis où il était vénéré sous la forme d'un taureau. Dès la fin du IVᵉ s., les cultes de Sarapis et d'Isis se diffusent hors de la vallée du Nil. Des Sarapieia et des Iseia sont fondés dans diverses cités de Grèce : à Athènes, à Érétrie, à Rhodes… et à Délos.

L'ARRIVÉE DE SARAPIS

L'introduction du culte de Sarapis à Délos est connue par un texte célèbre que l'on a appelé la « Chronique du Sarapieion ». Gravée sur une colonne votive trouvée dans le Sarapieion A (1), cette longue inscription se présente comme un récit apologétique, où il convient de faire la part de la réécriture postérieure. Le prêtre Apollonios y raconte en termes concis, dans une première partie en prose, comment son grand-père Apollonios a apporté à Délos une statue de Sarapis pour célébrer le culte dans sa propre demeure (encart 1). Il précise encore que, devenu prêtre à son tour, il construisit le sanctuaire et fut pour cette raison la cible d'un procès, dont il triompha grâce à l'intervention du dieu qui musela ses accusateurs. La deuxième partie de l'inscription raconte la même histoire, dans une version plus développée et versifiée.

Les détails réalistes sur les modalités d'achat du terrain ou la construction du sanctuaire rendent particulièrement vivant ce récit de l'installation du dieu dans son établissement délien : le prêtre Apollonios va consulter les annonces de ventes immobilières affichées, comme on a pu l'établir, dans l'entrée principale de l'Agora des Déliens (★) ; il acquiert un terrain désigné par le dieu, de qualité très relative au demeurant, puisque c'est un terrain « plein d'ordures ». Cette précision fait ressortir, par contraste, la grandeur du dieu et la vilénie des ennemis qui s'opposent à lui. Apollonios se garde de révéler le motif de l'accusation portée contre lui : il rappelle seulement que Sarapis lui a permis de l'emporter. Cette arétalogie* de Sarapis est datée de la fin du IIIe ou du début du IIe s. On estime que la fondation du Sarapieion A en est contemporaine et l'on situe

La Chronique du Sarapieion relate, en prose puis en vers, l'arrivée du dieu Sarapis à Délos et le miracle qu'il accomplit pour sauver son prêtre Apollonios, à qui fut intenté un procès après la construction du sanctuaire.

Le prêtre Apollonios a fait graver ceci, sur ordre du dieu :
Notre grand-père Apollonios, Égyptien de la classe sacerdotale, apporta avec lui son dieu lorsqu'il vint d'Égypte ; et il continua à célébrer le culte selon le rite traditionnel, et il vécut, croit-on, quatre-vingt-dix-sept ans. Il eut pour successeur mon père Démétrios qui servit les dieux avec le même zèle et, pour sa piété, mérita du dieu l'honneur d'une statue en bronze qui est placée dans le temple du dieu. Il vécut soixante et un ans. J'héritai des objets sacrés et je m'acquittai avec assiduité du service divin. Mais alors le dieu m'annonça en songe qu'on devait lui consacrer un Sarapieion, un sanctuaire qui lui appartînt, car il ne voulait plus être locataire comme précédemment ; il ajouta qu'il trouverait lui-même le lieu où on devait l'installer et qu'il indiquerait l'emplacement. Il en fut ainsi. Or, c'était un endroit plein d'ordures, à vendre, comme l'annonçait une petite affiche dans le passage de l'agora. Le dieu le voulant ainsi, l'achat fut conclu et le sanctuaire fut bâti rapidement, en six mois. Quelques individus s'unirent alors contre nous et contre le dieu et ils intentèrent, contre le sanctuaire et contre moi, une action publique : il fallait subir le préjudice ou payer une amende. Mais le dieu m'annonça en songe notre victoire. Maintenant que le procès est terminé et que nous avons triomphé d'une manière digne du dieu, nous louons les dieux et leur rendons de justes actions de grâces.

IG XI, 1299, l. 1-28

Traduction (révisée) : B. Le Guen-Pollet, *La vie religieuse dans le monde grec du Ve au IIIe siècle avant notre ère* (1991), n° 82.

(1) *La Chronique du Sarapieion*

l'arrivée du dieu dans l'île à l'époque du grand-père du rédacteur de la Chronique, c'est-à-dire approximativement dans la première moitié du III{^e} s. : le texte précise qu'Apollonios l'Égyptien, après avoir vécu quatre-vingt-dix-sept ans, a transmis la prêtrise à son fils Démétrios, qui meurt à 61 ans, laissant à son tour sa charge à son fils Apollonios, notre bâtisseur de sanctuaire.

Apollonios l'Ancien, responsable de l'introduction du culte de Sarapis à Délos, était, d'après la Chronique, un prêtre égyptien originaire de Memphis. Était-il membre de la classe sacerdotale du fameux Sarapeum de Memphis avant de s'installer à Délos ? Quelle était la raison de son exil ? Son nom est-il la traduction d'un anthroponyme égyptien formé sur celui d'Horus que les Grecs assimilent à Apollon ? On a parfois vu en lui, plutôt qu'un Égyptien natif, un Grec d'Égypte et, pourquoi pas, l'un de ces Hellénomemphites, descendants des mercenaires grecs entrés au service du pharaon Psammétique, puis établis à Memphis, comme le rapporte Hérodote (*Histoires*, II, 154). En somme, la personnalité, l'histoire et les motivations d'Apollonios demeurent énigmatiques. Quoi qu'il en soit, l'arrivée des dieux isiaques à Délos est précoce en comparaison de celle des autres cultes étrangers qui s'implantent dans l'île après 167, au moment où s'y développe le commerce sous la domination d'Athènes.

L'OFFICIALISATION DU CULTE

On sait grâce aux inscriptions que le dieu Sarapis a été reconnu par la cité de Délos vers 190-180. La dévotion qu'il suscitait était donc devenue suffisamment populaire à cette date pour être officialisée : le Sarapieion C était le siège de ce culte public qui prospère au II{^e} s., parallèlement au Sarapieion A dont l'administration reste aux mains des descendants d'Apollonios l'Égyptien.

Le dieu étant désormais inscrit au panthéon de la cité, les prêtres de Sarapis qui officient dans le Sarapieion C sont désignés parmi les citoyens déliens, puis athéniens à partir de 167. Le sanctuaire est placé sous la tutelle des administrateurs officiels des cultes publics : les hiéropes de l'Indépendance, puis, à l'époque athénienne, des magistrats « préposés aux affaires sacrées ». Ce sont eux qui dressent le catalogue périodique des possessions divines, sous la forme d'inventaires dont certains nous sont parvenus ; ce sont eux également qui tiennent les comptes et assurent le financement de plusieurs chantiers de construction ou de réfection. Les revenus de Sarapis viennent dès lors abonder ceux de la « caisse sacrée » de Délos, c'est-à-dire la caisse d'Apollon.

L'officialisation du culte de Sarapis manifeste que nous n'avons pas affaire à une religion minoritaire ou exotique, ni à une « secte ». Pour les habitants de Délos au IIe s., Sarapis et son cercle font partie intégrante du paysage religieux. Si nous les qualifions aujourd'hui d'étrangers ou d'orientaux, ils n'étaient sans doute pas perçus comme tels par leurs fidèles.

UN PANTHÉON COMPLEXE

Sarapis n'est pas le seul dieu du panthéon égyptien célébré à Délos, bien qu'il en soit assurément la figure centrale : chacun des trois sanctuaires déliens est désigné comme « Sarapieion » dans les inscriptions et les prêtres qui officient dans le sanctuaire public portent le titre de « prêtre de Sarapis ». Toutefois, le dieu est généralement invoqué en même temps qu'Isis et Anubis avec qui il forme une triade. Dès les débuts du culte, et dans les trois sanctuaires, celle-ci est nommée dans la plupart des dédicaces. À partir du milieu du IIe s., s'y ajoute régulièrement Harpocrate, figure hellénisée d'Horus enfant.

La liste des dieux des Sarapieia s'accroît au gré des dévotions personnelles des fidèles qui fréquentent les sanctuaires. Ce sont essentiellement les dédicaces individuelles qui nous les font connaître : certains sont fréquemment invoqués, d'autres plus exceptionnellement ; certains sont extrêmement connus quand d'autres paraissent des divinités locales ; certains sont égyptiens, d'autres portent des noms grecs peut-être traduits de l'égyptien ; tous sont des dieux « *synnaoi* » (qui partagent le même temple) ou « *symbomoi* » (qui partagent le même autel). C'est dans le Sarapieion C, le plus grand des trois sanctuaires, que le panthéon est aussi le plus riche.

La personnalité et le champ d'action des dieux égyptiens de Délos se révèlent assez divers. Sarapis et Isis sont des dieux sauveurs qui interviennent dans les destinées humaines. On leur consacre parfois des images d'oreilles, en témoignage de leur capacité à écouter et à exaucer les prières (**2**). Sarapis apparaît également en songe

(2)

Cultes et sanctuaires égyptiens à Délos

à ses fidèles pour leur transmettre ses volontés. C'est par l'entremise d'un rêve qu'il commande au prêtre Apollonios d'acheter le terrain du futur Sarapieion A (encart 1) et d'autres dédicaces témoignent de ses directives : les consécrations qu'elles commémorent ont été faites « conformément à un ordre » (encart 3, p. 38) ou parfois « conformément à un rêve ».

Les Sarapieia font une place importante aux dieux guérisseurs ; on trouve parmi eux Asclépios et Hygie, Héraclès Apallaxikakos (« qui repousse les maux ») ou encore Sarapis de Canope, une ville du delta du Nil où se trouvait un sanctuaire réputé pour ses cures. Les dieux isiaques protègent les marins et gardent leurs fidèles des périls de la mer ; Isis à Délos est parfois invoquée comme Euploia, « qui protège la navigation », et l'on connaît un relief représentant la déesse inventant la voile (Isis Pélagia : 3). D'autres dieux protecteurs des marins sont associés à ces cultes, par exemple les Dioscures. D'une manière générale, les dieux isiaques sont dispensateurs de bienfaits et Isis est souvent représentée portant une

(3)

(4)

(5)

corne d'abondance (4). Ce même symbole figure sur des empreintes de sceaux découvertes dans le Sarapieion C (5). Les raisons de fréquenter Sarapis, Isis ou les dieux de leur cercle ne manquent donc pas; la variété de leurs pouvoirs explique aussi le succès qu'ils ont connu dans l'île.

Les représentations de ces divinités à Délos sont nettement hellénisées. Une statuette de dieu trônant, sans rien d'exotique dans son apparence, provient du Sarapieion B (6). La tête et les bras ont disparu mais, d'après la position de

(6)

Cultes et sanctuaires égyptiens à Délos

son épaule, la main droite levée tenait peut-être un sceptre. Une autre statuette (A 1990 + A 2003) découverte dans le même sanctuaire figure un dieu barbu, assis, drapé dans un manteau qui dévoile une partie de son torse et son épaule droite. Ses pieds reposent sur un tabouret où figure le nom d'un prêtre mais la dédicace proprement dite est perdue. Seul le contexte de découverte de ces deux objets invite à les considérer comme des images de Sarapis, car le dieu ne porte aucun de ses attributs ordinaires.

(7)

Isis également était figurée sous les traits d'une divinité grecque : dans le Sarapieion C, une statue de la déesse se dresse encore dans son temple (7). Sa tête et ses bras manquent, mais on reconnaît qu'elle était représentée « à la grecque », drapée d'une tunique (*chiton*) et enveloppée dans un manteau (*himation*).

Quelques images plus exotiques des dieux égyptiens de Délos nous sont toutefois parvenues : des figurines à pilier dorsal représentent Isis selon les canons égyptiens (**8**) ; la couronne hathorique* qu'on trouve sur des reliefs ou des empreintes de sceaux rappelle aussi son origine (**9**) ; une statuette d'Anubis à tête de chacal a été découverte dans le Sarapieion A qui témoigne aussi d'une influence orientale (**10**). Le corps du dieu était vêtu d'une draperie de type grec, mais sa tête canine le rapproche évidemment des représentations thériomorphes* de la vallée du Nil. D'autres images ne sont connues que par le témoignage des inscriptions : dans un inventaire daté de 145-144 est mentionnée une statue de faucon, peut-être une image d'Horus. Cependant, ces exemples demeurent rares et les dieux des Sarapieia étaient plutôt anthropomorphes, comme le sont ordinairement les dieux grecs.

(8)

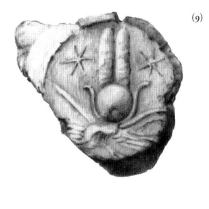

(9)

Trois sanctuaires à visiter

Les cultes égyptiens ont laissé d'abondantes traces maté-rielles à Délos : ce ne sont pas moins de trois sanctuaires de Sarapis qui ont été mis au jour par l'exploration archéo-logique de l'île, à la fin du XIXᵉ et au début du XXᵉ s. Tous sont situés dans le même quartier dit « de l'Inopos », qui tire son nom du principal cours d'eau de Délos qui coulait dans ce secteur. L'Inopos passait dans l'Antiquité pour une résurgence du Nil et on peut voir là une raison de l'installation des dieux égyptiens dans cette partie de la ville. On peut aussi supposer que ce quartier était moins densément urbanisé que celui du théâtre ou que les environs immédiats du sanctuaire d'Apollon, permettant à des dieux nouveaux de trouver une place où s'établir. Les premières fouilles ont été menées au Sarapieion C dont la localisation était connue dès le début du XIXᵉ s. : des inscriptions mentionnant les dieux égyptiens avaient été copiées par Charles Robert Cockerell, de passage à Délos en 1810. Une première campagne a lieu en 1880, mais les fouilleurs ne dégagent que très partiellement les monuments et confondent trois sanctuaires distincts en un seul qu'ils appellent « le sanctuaire des dieux étrangers » : on tient l'Héraion (★) pour le temple de Sarapis et la limite entre les sanctuaires syrien (★) et égyptien (★) n'est pas reconnue.

Les fouilles reprennent au Sarapieion C en 1909 et 1910 et, un an plus tard (**11**), le sanctuaire est identifié et ses limites avec l'Héraion et le sanctuaire d'Atargatis, la déesse syrienne, sont établies. La même année 1910, Pierre Roussel qui avait dirigé les fouilles sur la « terrasse des dieux étrangers » met au jour le Sarapieion B, situé en contrebas du sanctuaire syrien. En 1911, Johannès Pâris qui fouillait la vallée de l'Inopos découvre le Sarapieion A et la colonne portant le texte de la Chronique. Pierre Roussel a publié dès 1916 une histoire des cultes égyptiens à Délos et édité toutes les inscriptions de l'île qui les concernent. On lui doit la désignation des trois Sarapieia par les lettres A, B et C, qu'il estime correspondre à leur chronologie. Cependant, la date de leur construction demeure conjecturelle, tout comme l'ordre dans lequel ils se sont succédé.

LE SARAPIEION A

Le Sarapieion A (★) serait donc le plus ancien des trois sanctuaires (**12** et **13**). Ses installations sont modestes : les murs sont construits en matériaux locaux et leur maçonnerie était à l'origine revêtue d'un enduit qui en dissimulait l'irrégularité. Il est situé en contrebas de la rue qui mène au Réservoir de l'Inopos (★) et on y accède par un escalier de facture médiocre qui ouvre dans son mur nord.

Les bâtiments du sanctuaire sont bien visibles depuis le seuil de la porte au nord ou encore depuis la rive sud de l'Inopos (**14**). Ils s'organisent autour d'une petite cour dallée de grandes plaques de gneiss (**12, B**). Du côté est se dresse un temple (**A**), une simple *cella** précédée d'un escalier. En soussol est aménagée une pièce à demi souterraine, une crypte, dont la porte se trouve du côté sud du temple. Elle donne accès à l'eau d'un grand réservoir alimenté par la nappe phréatique (**15**). Celui-ci s'étend, d'ouest en est, sur une longueur d'environ 4,50 m,

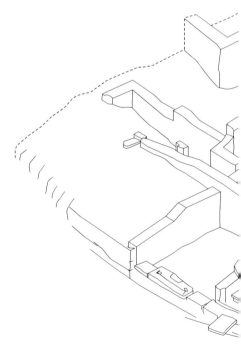

Cultes et sanctuaires égyptiens à Délos

mais sa paroi orientale s'est effondrée, en sorte que ses dimensions et sa capacité exactes demeurent inconnues. On pouvait puiser l'eau de ce puits, non seulement sans doute depuis la crypte, mais aussi depuis un regard carré ménagé contre la face est du temple.

Au nord, ce sont deux pièces qui ouvraient vers la cour, de part et d'autre du massif de l'escalier : au nord-est, la première occupe une terrasse surélevée et deux de ses murs comportaient des niches maçonnées (**D**). Elle était probablement couverte mais les supports de la toiture ont intégralement disparu. Au nord-ouest, une

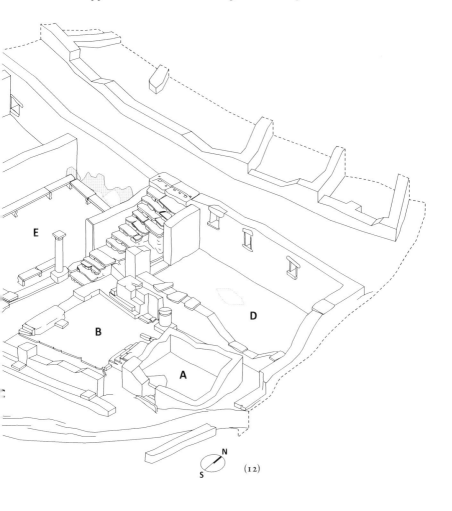

(12)

Cultes et sanctuaires égyptiens à Délos

deuxième salle de plan irrégulier était meublée de bancs de marbre, retrouvés en désordre au début du XXᵉ s. (**12, E ; 16**). Ils portent les noms des fidèles qui les ont consacrés à Sarapis, Isis et Anubis. Sur l'un d'eux, on distingue encore des damiers incisés qui servaient probablement de plateaux de jeux.

Au sud, enfin, se trouvait une troisième pièce (**C**) dont les murs ont été largement détruits par la construction, peut-être au IVᵉ s. de notre ère, d'un massif supportant un aqueduc qui captait les eaux de l'Inopos. Cette installation tardive a été démolie par les fouilleurs du début du XXᵉ s. et les perturbations successives rendent l'organisation du sanctuaire difficile à comprendre dans ce secteur. On peut néanmoins restituer le plan général de la pièce sud qui ouvrait vers la cour par une colonnade, partiellement obstruée par un mur adossé aux colonnes.

Ce petit sanctuaire a été construit par Apollonios, l'auteur de la Chronique, à la fin du IIIᵉ ou au début du IIᵉ s., comme l'ont confirmé les fouilles récentes. Il a continué d'être utilisé pendant toute la période hellénistique, même si la grande majorité des dédicaces que l'on y a trouvées remontent aux premières années du IIᵉ s. Il ne paraît pas avoir été abandonné avant le début du Iᵉʳ s., lorsque l'île, victime des incursions militaires des troupes de Mithridate, se voit pour partie désertée et perd de son importance commerciale. On ne peut relever de traces de culte ni d'aménagements clairement postérieurs à l'année 69.

LE SARAPIEION B

Les constructions du Sarapieion B (★) s'étagent sur la colline qui surplombe le Réservoir de l'Inopos (**17**). Elles sont accessibles depuis une entrée étroite située entre deux boutiques ouvrant sur la rue qui longe le Réservoir à l'est. Elle était meublée de deux bancs de marbre : seul l'un d'eux est conservé contre le mur nord, à gauche en entrant ; il porte une dédicace aux dieux égyptiens. Cette entrée débouche sur un escalier qui donne accès aux pièces du sanctuaire (**18**). Des paliers ménagés dans l'escalier desservent, au sud, une petite pièce dont les murs sont presque entièrement effondrés et, au nord, une salle ou, plus probablement, une cour, de proportions carrées. Celle-ci présente un aménagement singulier : sa partie ouest est occupée par trois petits compartiments de deux mètres de large environ, séparés les uns des autres par des murs, ou des murets, aujourd'hui arasés. On pourrait y voir l'emplacement des trois chapelles destinées à accueillir les statues de Sarapis, Isis et Anubis. Adossés au mur est de

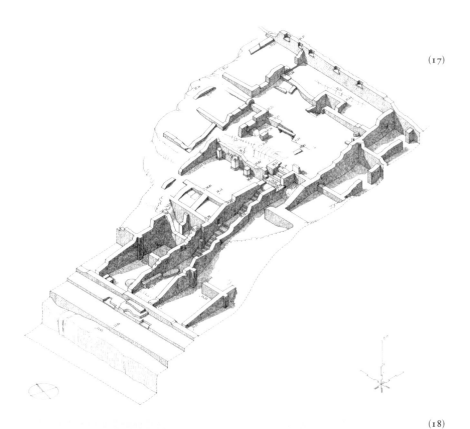

la cour et faisant face à chacun des compartiments, étaient disposés trois autels dédiés aux dieux du sanctuaire par les membres de plusieurs associations isiaques. Les deux autels supplémentaires aujourd'hui visibles à cet emplacement y ont été entreposés après les fouilles (**19**).

L'escalier se poursuit encore vers l'est jusqu'à une cour, sur laquelle ouvrent, comme dans le Sarapieion A, plusieurs salles et un temple. La façade de marbre du temple attire l'œil car elle contraste avec les autres murs, tous construits en moellons de matériaux divers et passablement délabrés (**20**). Le temple aussi est très abîmé : environ un tiers du mur de façade a disparu. En avant du temple et venant buter contre sa façade se trouve un mur prolongé par deux bancs. On peut restituer des bancs analogues dans l'angle sud-ouest de la cour et d'autres se trouvaient peut-être dans sa partie ouest, aujourd'hui détruite. L'ensemble évoque un aménagement destiné à accueillir des réunions de fidèles, face au temple principal (**21**).

La partie orientale de la cour est occupée par une longue terrasse qui était probablement couverte par un portique. Une crypte à demi souterraine (**22**) y a été aménagée, accessible par quelques marches. Contrairement à celle du Sarapieion A, elle ne présente aucun dispositif d'adduction d'eau. Néanmoins, le revêtement de son sol (aujourd'hui dissimulé sous une couche de sable) contient

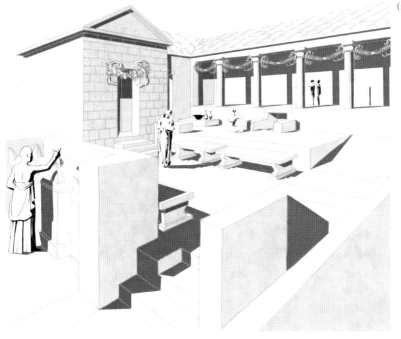

des éclats de céramique noyés dans un épais mortier hydraulique, ce qui montre que l'on devait y conserver de l'eau, peut-être dans des jarres. À l'angle nord-est de la cour, on trouve une dernière pièce dont le sol est légèrement surélevé. Elle était accessible depuis la cour et le portique est.

Les inscriptions qui proviennent de ce sanctuaire ne permettent pas de connaître très précisément son histoire. En se fondant sur les indices épigraphiques, Pierre Roussel avait daté sa construction du début du IIe s. Toutefois, les sondages qui y ont été effectués ont montré que ses constructions ne sont pas antérieures à la fin du IIe ou au début du Ier s. La fonction de cet établissement a également été discutée : les textes épigraphiques qui y sont rassemblés émanent presque tous de fidèles regroupés en associations et laissent penser que le Sarapieion B était un local associatif comme on en connaît ailleurs dans l'île (par exemple celui des Poséidoniastes de Bérytos), plutôt qu'un sanctuaire à proprement parler.

LE SARAPIEION C

Le troisième Sarapieion (★) était le sanctuaire public des dieux égyptiens à Délos. Ses proportions sont bien plus considérables que celles des deux autres

établissements (**23**). Il se déploie sur une vaste esplanade artificiellement confortée, édifiée au flanc de la colline du Cynthe. Ses monuments, en particulier le temple d'Isis dont la façade a été remontée au début du xxᵉ s., sont bien visibles depuis le port et attirent le regard des visiteurs qui débarquent à Délos. Le développement architectural du Sarapieion C a été progressif, depuis le temps de sa fondation, peut-être vers 190-180, au moment de la reconnaissance officielle de Sarapis par les Déliens, jusqu'au début du Iᵉʳ s. où il atteint son acmé ; il a sans doute été progressivement déserté après les événements de l'année 69.

Aujourd'hui, le visiteur aborde généralement le sanctuaire par le nord, en venant du musée d'où part un sentier balisé. Dans l'Antiquité, la porte monumentale (**24**, **A**) située à l'extrémité sud en était l'accès principal. Il n'en subsiste que le massif de fondation. Ce *propylon** ouvrait sur une vaste esplanade trapézoïdale qui était bordée sur ses côtés sud, est et ouest par des portiques doriques (**B**) dont de nombreux blocs ont été retrouvés. Au centre, une voie dallée (**D**), longue d'environ 40 m et large de 5 m, ornée de statuettes de sphinx alternant avec des autels (**11** et **25**), conduit à un édifice (**C**) situé à l'extrémité sud de la terrasse. Il ouvre vers le nord en direction de l'allée de sphinx, tournant le dos à l'entrée principale du sanctuaire, et comprend une pièce carrée précédée d'un vestibule. Son plan est celui d'un temple mais les fouilles ont révélé que sa *cella* était tout entière occupée par un puits, aujourd'hui remblayé. Il s'agissait donc d'une construction hydraulique.

Depuis l'esplanade sud, on passait dans la cour nord, sans doute la partie la plus ancienne du sanctuaire. Elle était aussi la plus encombrée de monuments et de bases votives. La cour dallée (**24** et **26**, **G**) est limitée sur ses côtés sud et ouest par un portique ionique en L dont sont conservés de nombreux blocs : des colonnes, des chapiteaux et des éléments de l'entablement permettent d'en restituer l'apparence antique. Du côté nord de la cour, le temple de Sarapis (**F**; **27**) ouvrait vers le sud. À en juger par les détails de son architecture, il paraît remonter au début du IIe s. et il est sans doute antérieur à 167. Face à lui, dans la cour, on distingue encore les murs d'un autel (**33**). À l'est, surplombant le niveau du sol de la cour de près de deux mètres, sur un ressaut rocheux aménagé en terrasse, se dressaient plusieurs bâtiments dont le temple d'Isis

(**24**)

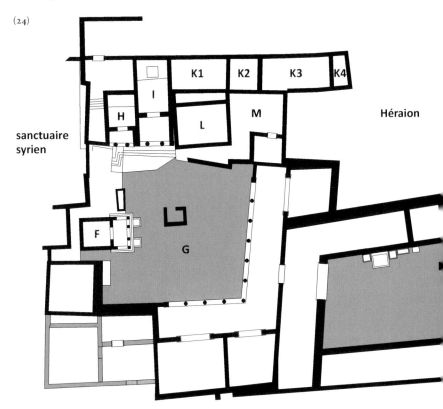

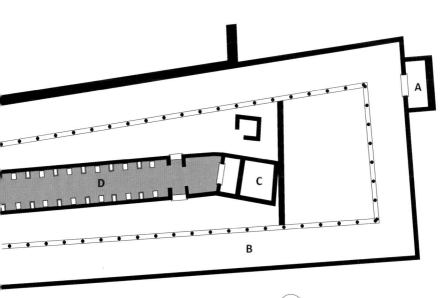

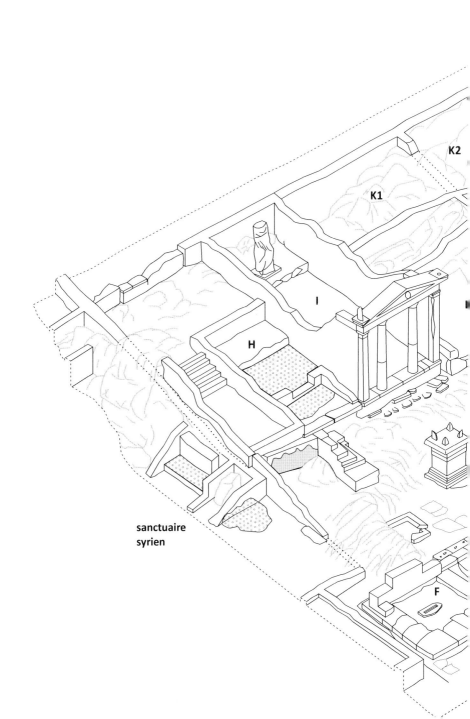

K2

K1

I

H

M

sanctuaire
syrien

F

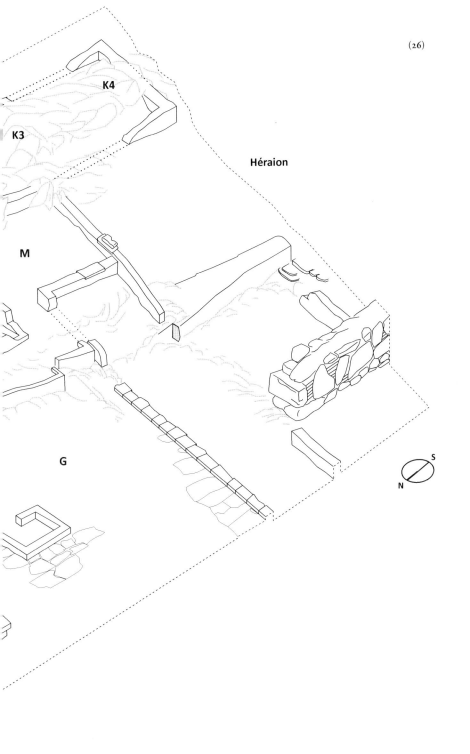

K4

K3

Héraion

M

G

N

S

aujourd'hui restauré (**24** et **26**, **I**; **28**). Les blocs de sa façade sont assez bien conservés; l'inscription gravée sur l'architrave nous apprend que les Athéniens sont à l'initiative de sa fondation. La statue de la déesse a été replacée sur les vestiges de sa base (**7**); sa dédicace est datée de l'année 128-127, sans doute approximativement la date de construction du temple. De part et d'autre de cet édifice se trouvent des constructions mal identifiées : au nord, ce sont les ruines d'une autre chapelle (**H**), peut-être consacrée à Anubis; au sud, un groupe de pièces très ruinées (**K, L, M**) a parfois été identifié à un *pastophorion** mentionné dans des textes. On ignore toutefois quelles activités il accueillait.

La majeure partie des constructions visibles dans le Sarapieion C, à l'exception notable du temple de Sarapis de la cour nord, ne datent que de la seconde moitié du IIe s., voire, pour les aménagements de la terrasse méridionale, du début du Ier s. Quelques vestiges arasés visibles çà et là attestent l'existence de constructions plus anciennes, mais on ne peut reconstruire un état cohérent antérieur à celui de la

(**27**)

fin du IIe s. On sait pourtant que le sanctuaire fonctionnait dès les années 190-180 ; son organisation à l'époque de l'Indépendance ou au début de l'époque athénienne reste impossible à restituer et les ruines actuellement visibles sont celles du dernier état du sanctuaire, entre 130 et 69.

(28)

(29)

Organisation et pratiques du culte

Les textes épigraphiques découverts lors de la fouille des trois Sarapieia permettent de connaître assez bien l'organisation du culte. Toutefois, ils ne sont pas très diserts sur les fêtes religieuses, les cérémonies et les sacrifices : les hypothèses qu'on peut émettre à leur sujet s'appuient surtout sur l'observation des vestiges architecturaux et du mobilier qui nous est parvenu ; on peut aussi supposer qu'avaient cours à Délos des pratiques cultuelles attestées dans d'autres Iseia ou Sarapieia de Grèce ou d'Égypte hellénistique, dont on retrouve plus tard les traces en Italie (**29**).

LE PERSONNEL CULTUEL ET LES ASSOCIATIONS DE DÉVOTS

Le culte des divinités égyptiennes s'organise différemment dans chacun des trois Sarapieia. Dans le Sarapieion A, sanctuaire privé, le sacerdoce est héréditaire et ne connaît pas de limitation de durée comme l'illustre la Chronique d'Apollonios (encart 1). Une autre inscription, datée probablement de 164, mentionne un prêtre appelé Démétrios de Rhénée, vraisemblablement un descendant d'Apollonios, peut-être son fils, puisqu'il porte un prénom familial. Ce texte est la transcription d'un sénatus-consulte* qui autorise le prêtre du Sarapieion à demeurer à Délos alors que les Athéniens ont décrété l'expulsion de ses habitants (encart 2). Cette autorisation lui est vraisemblablement accordée parce qu'il possédait le sanctuaire en propre en tant que descendant d'Apollonios. Dans les dédicaces figurent encore un Démétrios dit aussi Télésarchidès de Délos et un « Démétrios, fils de Démétrios ». L'ordre de succession de ces différents personnages est difficile à établir, mais il semble, à en juger par leurs noms, que les prêtres du Sarapieion A aient tous été recrutés au sein de la même famille.

Aux côtés du prêtre officiaient peut-être des assistants : on connaît à une époque mal fixée un « responsable des cures » dont on ne sait si la charge était ponctuelle ou permanente. Il est en tout cas d'origine égyptienne : il s'appelle Horos fils d'Horos et est originaire de Kasion.

Le clergé du Sarapieion C est mieux documenté grâce aux abondantes trouvailles épigraphiques. Les prêtres de Sarapis sont renouvelés annuellement, selon les

Gravé dans le Sarapieion A, le texte est une copie de la décision du sénat romain autorisant le prêtre de Sarapis à continuer de desservir le culte. Il est daté des environs de l'année 164, peu après l'éviction des Déliens en 167.

Les stratèges à Charmidès, épimélète de Délos, salut. À la suite des débats prolongés qui ont eu lieu au Conseil sur le sénatus-consulte qu'a rapporté de Rome Démétrios de Rhénée relativement à l'affaire du Sarapieion, il a été décrété de ne pas l'empêcher d'ouvrir et de desservir le sanctuaire comme il l'a fait précédemment, puis de t'écrire à ce sujet pour que tu sois informé. Nous joignons ci-après la copie de la décision rapportée par lui :

« Kointos Minykios, fils de Kointos, préteur, a consulté le Sénat dans le comitium, le jour des ides intercalaires ; furent témoins à la rédaction (du sénatus-consulte) Poplios Porkios, fils de Poplios, Tébérios Klaudios, fils de Tébérios, de la tribu Clustumina, Manios Phontéios, fils de Gaios. Sur ce qu'a exposé Démétrios de Rhénée (demandant) qu'il lui soit permis de desservir le sanctuaire de Sarapis à Délos, et (rapportant) que les Déliens et le préfet venu d'Athènes l'en empêchent ; sur cela il a été décidé ainsi : comme il le desservait précédemment, il lui est permis, en tant qu'il dépend de nous, de le desservir, à condition que rien ne se fasse de contraire au sénatus-consulte. Adopté. »

ID **1510**

Traduction : F. Dürrbach, *Choix d'inscriptions de Délos*, I (1921), nᵒ 77.

(2) *Le sénatus-consulte de Délos*

procédures ordinaires dans le culte grec. Leurs noms apparaissent dans presque toutes les dédicaces car ils servent à dater le dépôt de l'offrande (encart 3). Le prêtre de Sarapis figure aussi dans la liste des sacerdoces de Délos à l'époque athénienne. Outre cette fonction principale, des charges variées apparaissent dans nos sources à partir de la seconde domination athénienne dont celles de canéphore*, cleidouque*, *uphiereus**, oneirocrite*, zacore*, arétalogue*, lamptérophore*. Le personnel attaché au service des dieux égyptiens, dans le sanctuaire public, paraît à la fois abondant et spécialisé. Certains personnages pouvaient assumer des charges spécifiques aux cultes isiaques (l'arétalogue, les lamptérophores ou l'oneirocrite, par exemple) ; d'autres fonctions existent aussi dans des sanctuaires grecs de Délos, par exemple le néocore* à l'époque de l'Indépendance, les canéphores ou le zacore à l'époque de la seconde domination athénienne.

Nous ne savons rien des prêtres du Sarapieion B. En revanche, cet établissement a livré plusieurs inscriptions évoquant les associations qui devaient s'y réunir. Sont mentionnés des décadistes et décadistres, des énatistes, des éranistes, des sarapiastes ou encore des thérapeutes, ces derniers apparaissant aussi dans les Sarapieia A et C, et des mélanéphores, attestés également dans le Sarapieion C. Seuls les thérapeutes et les mélanéphores existent encore après 167, comme l'indiquent des textes provenant du Sarapieion C. Les autres disparaissent ou ne gravent plus d'inscriptions.

Les activités exactes, l'organisation et la composition de ces groupements ne sont pas parfaitement claires. Dans les trois sanctuaires, ils présentent des structures diverses. Certains sont hiérarchisés : dans le Sarapieion B, le *koinon* des énatistes était présidé par un archithiasite*, assisté d'un secrétaire (*grammateus*). D'autres paraissent plus informels : les thérapeutes du Sarapieion A sont peut-être simplement les fidèles qui fréquentent le sanctuaire, rassemblés pour des actions ponctuelles, sous la conduite d'un responsable choisi pour organiser la collecte des dons. Les termes de *koinon* ou de thiase, qui désignent ordinairement des associations constituées, ne se rencontrent pas à leur propos. En revanche, les thérapeutes du Sarapieion C paraissent former un véritable *koinon*.

L'appartenance à un groupe ne paraît pas avoir été exclusive : l'archithiasite des énatistes fait également partie des thérapeutes du Sarapieion A ; son secrétaire se prévaut aussi du titre de mélanéphore. Ces associations accomplissent parfois des actes cultuels en commun, comme le montre une dédicace qui associe le *koinon* des thérapeutes, celui des mélanéphores et le thiase des sarapiastes. Certaines, comme les décadistes, accueillent des femmes en leur sein (les décadistres).

Les activités religieuses de ces groupes demeurent inconnues. Tout au plus déduit-on de leur nom quelques hypothèses : les décadistes et décadistres devaient célébrer des fêtes le dixième jour du mois, les énatistes le neuvième. Les mélanéphores, qui paraissent jouer un rôle plus important après 167, revêtaient peut-être un habit noir en commémoration du deuil porté par Isis. Les éranistes ont pu organiser des banquets car le terme *eranos* désigne l'écot que chacun y apporte et les textes mentionnent une offrande collective de lits de banquet par les membres de ce *koinon*. La Chronique du Sarapieion évoque également cet usage. Aucune salle de banquet n'a pu être identifiée précisément dans les Sarapieia, mais les pièces ou les espaces extérieurs meublés de bancs ont pu éventuellement accueillir ces agapes ; on peut supposer aussi, si l'on y pratiquait le banquet couché, qu'on le faisait sur des lits en bois qui n'ont pas laissé de traces.

DÉDICACES ET OFFRANDES

Si elles nous font connaître les dieux des Sarapieia, les dédicaces et les offrandes fournissent également de précieuses informations sur la société des dévots. Les noms et les origines ethniques des dédicants permettent de constater qu'ils ne sont pas particulièrement liés à l'Égypte : seuls quelques-uns, surtout des femmes, portent des noms caractéristiquement égyptiens, comme Thermouthris, Taésis ou Taessa. À l'époque de l'Indépendance, hormis Apollonios l'Ancien, venu

Dans le Sarapieion C, de nombreuses offrandes consacrées aux dieux par des particuliers étaient signalées par des dédicaces qui témoignent de ces pratiques de dévotion. Ce choix d'inscriptions réunit la dédicace de murs et d'un escalier financés par un particulier (ID 2098) et deux textes gravés respectivement vers 140 sur une base en marbre blanc (ID 2131) et vers 90 (ID 2104). Ce dernier associe à Isis et Sarapis une divinité locale portant le nom de Zeus Kynthios, « le Zeus du mont Cynthe ».

Sur ordre de Sarapis, d'Isis, d'Anubis et d'Aphrodite, Apollonios fils d'Asclépiodoros, en son nom propre et au nom de sa femme Aphrodisia et de ses enfants Asclépiodoros, Apollonios et Protimos, a consacré l'escalier et les murs jusqu'au temple, sous la prêtrise de Zénon, fils de Discouridès, du dème de Lamptrai.

ID 2098

À Sarapis, Isis, Anubis, Apollon, Harpocrate, dieux qui partagent le même temple et le même autel, Euclès, fils d'Euclès, de Soloi, en son nom propre et au nom de son fils.

ID 2131

À Zeus Kynthios, Sarapis et Isis, sur ordre du dieu, Néoptolème, fils de Philonidès, sous la prêtrise de Dikaios, fils de Dikaios, du dème d'Ionidai ; Eukratès, fils de Dionysios, petit-fils de Seuthès, étant cleidouque ; Apollonios, fils de Dikaios, étant zacore.

ID 2104

(3) *Dédicaces du Sarapieion C*

Cultes et sanctuaires égyptiens à Délos

de Memphis avec son dieu, les fidèles sont surtout des Grecs, Déliens autochtones ou citoyens d'autres cités. Après 167, la diversité de leurs origines reflète celle de la population de l'île, où affluent les Athéniens, les Italiens, les Orientaux hellénisés et des Grecs venus de tout le monde hellénique. La plupart sont connus par des dédicaces ou, pour le sanctuaire public, par les inventaires ; d'autres noms apparaissent dans les listes de souscripteurs aux diverses constructions du Sarapieion C. Certains de ces personnages sont installés durablement à Délos et on retrouve leur trace dans d'autres sanctuaires de l'île ou dans des actes publics ; d'autres sont probablement des marchands de passage. Quelques-uns ont peut-être été en contact avec l'Égypte mais il est difficile de le démontrer : ils ont aussi bien pu connaître les cultes isiaques dans leur patrie d'origine, puisqu'ils étaient répandus dans le bassin méditerranéen, ou les découvrir à Délos même, attirés par la puissance salvatrice de ces divinités dans l'île.

La plupart des offrandes qui témoignaient de la piété des fidèles ont disparu, mais les textes épigraphiques permettent de s'en faire une idée. Les sculptures étaient abondantes, tout particulièrement dans le Sarapieion C : en attestent leurs bases, souvent seules conservées, et les mentions des inventaires. Quelques fragments ont été préservés, telle la belle statue de l'Athénienne Diodora aujourd'hui visible non loin de l'entrée de l'allée de sphinx (30). Ce portrait consacré à Sarapis, Isis

(30)

Organisation et pratiques du culte

et Anubis par son mari et ses enfants était exposé dans une niche architecturée dont les blocs nous sont parvenus. Les statues votives en bronze étaient également nombreuses dans ce sanctuaire : les bases qui les supportaient présentent des cavités caractéristiques au lit supérieur. Les dédicaces nous indiquent que plusieurs d'entre elles étaient des portraits de prêtres ou de fidèles des dieux égyptiens.

Outre la statuaire, les sanctuaires renfermaient des objets de prix comme de l'orfèvrerie et des bijoux, inventoriés par les administrateurs. D'autres étaient plus dérisoires et n'ont laissé que peu de traces : modestes statuettes, petit tableau votif, vêtement… Tous ces cadeaux témoignent de la piété des dévots et de l'attractivité des cultes isiaques à Délos. Au IIe s., le Sarapieion C est l'établissement de l'île qui reçoit le plus d'offrandes en dehors du sanctuaire d'Apollon. Les sommes récoltées en 179 dans son *thésauros* (tronc à offrandes) s'élèvent à 15 drachmes, contre 3 drachmes et 1 obole et demie pour le tronc d'Asclépios et 3 oboles pour celui d'Aphrodite.

AUTELS ET SACRIFICES

Les dieux égyptiens de Délos étaient honorés de sacrifices périodiques, comme les autres divinités de l'île. On ignore à quelles dates et selon quelles modalités ces rites étaient pratiqués, mais plusieurs inscriptions font état de contributions « pour l'autel » et d'associations de fidèles « pour les sacrifices (*thysia**) et les libations ». Elles font référence à l'argent collecté auprès des dévots pour l'organisation de ces célébrations et attestent qu'elles constituaient des pratiques communes dans le Sarapieion C.

On a également mis au jour dans chacun des sanctuaires des autels de formes diverses qui nous renseignent sur les pratiques sacrificielles. Des bomoi* en marbre, circulaires ou parallélépipédiques, conservent parfois la dédicace des fidèles qui les ont consacrés. Tel est le cas de ceux du Sarapieion B déjà mentionnés. Ces derniers ressortissent à la catégorie des autels dits « à cornes » ou « à acrotères », désignant les petites protubérances en marbre fixées aux angles du plateau ou sculptées solidairement, pour les exemplaires les plus petits. On les trouve en nombre dans les Sarapieia B et C, dont un en contrebas du temple d'Isis (**24** et **26, I**), dans la cour nord (**31**). Le Sarapieion A n'en a en revanche pas livré. D'origine syrienne, ils sont attestés en Égypte dès le IVe s. et sont particulièrement fréquents, hors de la vallée du Nil, dans les sanctuaires isiaques. On les associe généralement à des fumigations de parfums ou d'encens, pratiques répandues

dans le culte égyptien : la partie versifiée de la Chronique du Sarapieion fait allusion à ces fumigations pour le dieu ; dans les inventaires du Sarapieion C sont aussi répertoriés des brûle-parfum et des boîtes à encens ; des brûle-parfum de taille réduite, en terre cuite ou en pierre (**32**), ont effectivement été trouvés lors des fouilles.

D'autres autels témoignent de l'existence de sacrifices sanglants dans les Sarapieia de Délos. Dans le Sarapieion C sont construites des *escharai** ou « autels creux ». Elles se présentent comme des enclos dont les murs périphériques contenaient les cendres du foyer mêlées à des résidus sacrificiels. L'une d'entre elles, dans la cour nord (**24** et **26**, **G**) face au temple de Sarapis, a été dégagée lors des fouilles anciennes (**33**). Deux autres, sur la terrasse méridionale, ont fait l'objet de travaux récents. L'étude des restes osseux qu'on y a découverts a révélé que les animaux – principalement des coqs – étaient offerts en holocauste* aux dieux du sanctuaire. La pratique est souvent associée aux divinités chthoniennes ; elle convient également à des divinités médicales et salvatrices comme Sarapis et Isis à Délos. En outre, les inventaires du Sarapieion C mentionnent un *escharôn*, qui désigne le bâtiment contenant une *eschara*. Peut-être abritait-il celle de la

cour nord, qui paraît la plus ancienne. Les deux autels méridionaux ne datent que de la fin du IIᵉ ou du début du Iᵉʳ s., tandis que l'*escharôn* des inventaires est mentionné dès 156-155.

Dans le Sarapieion A est conservé un autel maçonné, encore recouvert de son enduit protecteur (34). Il est adossé au mur nord de la cour. Son apparence complexe résulte de l'adjonction progressive au corps central de ce *bomos* de plusieurs bases votives : elles témoignent de l'usage qui consistait à déposer les offrandes au plus près d'un lieu privilégié d'échange avec les dieux. On ne sait si l'autel accueillait seulement des fumigations de parfum ou si l'on y consumait des victimes animales. Sa forme se prête en tout cas aux sacrifices sanglants, à en juger par sa similitude avec les autels consacrés au culte des Lares compitales à Délos. On sait que lors de la fête des Compitalia étaient sacrifiés des porcelets dont une partie était brûlée, l'autre probablement consommée par les participants. Il est donc possible que dans le Sarapieion A aient eu lieu également des sacrifices d'animaux. On ignore cependant quelles espèces étaient consacrées aux dieux du sanctuaire.

DES AMÉNAGEMENTS REMARQUABLES :
LES CRYPTES ET LES PUITS DES SARAPIEIA

Dans les trois Sarapieia de Délos ont été retrouvés des réservoirs d'eau placés au cœur des sanctuaires. Les cryptes sont encore visibles dans les Sarapieia A et B ; le grand puits de la terrasse sud du Sarapieion C a été remblayé après la fouille. Il est difficile d'associer ces installations à une pratique cultuelle spécifique bien que de nombreuses hypothèses aient été proposées. Apparemment propres aux cultes égyptiens, ces aménagements singuliers n'ont aucun parallèle dans l'île mais peuvent être rapprochés de constructions découvertes dans d'autres sanctuaires d'Isis ou de Sarapis : des cryptes hydrauliques sont attestées à l'Iseion de Gortyne en Crète, à Pompéi en Italie ou encore à Belo en Espagne.

La légende locale qui faisait de l'Inopos une résurgence du Nil nous est rapportée par Callimaque dans son *Hymne à Délos* (IIIᵉ s.). L'eau du puits du Sarapieion A, situé à proximité immédiate du cours d'eau, pouvait ainsi être tenue pour celle du prestigieux fleuve égyptien. On a proposé d'interpréter cet ouvrage comme un genre de nilomètre, où pouvait être fictivement reproduite l'inondation annuelle du Nil lors de fêtes analogues à celles qui se tenaient en Égypte. Cette hypothèse paraît cependant un peu forcée, d'autant qu'il n'existe aucune attestation de fêtes de l'Inondation à Délos. Il n'en reste pas moins que considérer l'eau de cette installation et celle des aménagements hydrauliques des Sarapieia B et C comme une eau sainte ou sacrée, peut-être assimilée à celle du Nil, ne paraît pas déraisonnable.

L'eau de ces réservoirs pourrait aussi avoir été utilisée pour les cures pratiquées dans les Sarapieia A et C (nous ne savons pas s'il en existait dans le Sarapieion B). Les capacités médicales de Sarapis et d'Isis ont déjà été évoquées ; elles sont bien attestées par des inscriptions et par diverses offrandes. Or, on considère généralement que dans les sanctuaires médicaux l'eau avait une vertu curative. Toutefois, on ne sait au juste quelles méthodes étaient employées dans les Sarapieia pour soigner les malades et il est donc impossible d'affirmer qu'elle y tenait une place importante.

L'eau pouvait aussi servir à des purifications, voire à l'accomplissement de rituels journaliers analogues à ceux de l'Égypte. Là encore, nous manquons d'éléments assurant l'existence de ce genre de pratiques à Délos. La quantité d'eau qu'elles requièrent ne paraît pas rendre compte de la complexité des aménagements, quand de simples puits auraient suffi.

Les importantes réserves hydriques situées directement sous les temples, dans le Sarapieion A et dans le Sarapieion C, sont peut-être un indice de l'existence d'un culte spécifiquement rendu à l'eau dans ces sanctuaires. Dans le Sarapieion C, la chose est plausible : le grand puits (**24, C**) situé au sud de l'allée de sphinx peut être identifié à un *hydreion* que mentionnent des inscriptions. Dans ce même sanctuaire est aussi attesté un dieu appelé Hydreios, principe humide divinisé, à qui l'allée de sphinx qui conduit au puits est précisément dédiée en même temps qu'à Sarapis, Isis, Anubis et Harpocrate. Si aucun indice aussi probant ne provient des Sarapieia A et B, la localisation du puits du Sarapieion A, sous le temple de Sarapis et accessible depuis la crypte, peut constituer une présomption en faveur de l'existence, dans ce sanctuaire aussi, d'un culte rendu à l'eau sainte qui y aurait été contenue.

La vénération de l'eau est documentée, au IIᵉ s. de notre ère, par un texte d'Apulée qui évoque l'urne où elle était contenue (*Métamorphoses*, XI, 11, 4). Quelques images provenant d'Italie montrent des processions isiaques où l'un des officiants porte un vase comparable à celui que décrit Apulée (**35**) ; une fresque d'Herculanum pourrait aussi figurer ce culte de l'eau : les fidèles sont assemblés dans un sanctuaire isiaque, face à un prêtre, se tenant sur le podium du temple, qui leur présente un vase (**29**). Des pratiques analogues ont peut-être eu cours

dans les sanctuaires déliens. La prudence toutefois est de mise puisque l'on ne dispose de document explicite ni pour l'époque hellénistique, ni pour Délos. Les hypothèses présentées pour expliquer l'usage de ces dispositifs hydrauliques remarquables ne sont sans doute pas mutuellement exclusives : l'eau pouvait être l'objet d'une vénération cultuelle, tout en étant utilisée pour des rituels de purification ou des actes thérapeutiques.

UNE TOUCHE D'EXOTISME

Les Sarapieia de Délos, de prime abord, ne présentent guère de traits exotiques. Leur architecture ressemble à celle des autres constructions déliennes à la même époque. Les temples du Sarapieion C par exemple, et tout particulièrement la chapelle d'Isis remontée depuis la fouille, manifestent le caractère hellénisé du culte. Cela est vrai aussi, on l'a vu, de la statuaire divine comme de l'organisation religieuse des sanctuaires : les prêtres du Sarapieion C sont grecs ; le Sarapieion A conserve certes une prêtrise héréditaire, mais sans doute du fait de son caractère privé autant que de l'origine égyptienne des cultes qui y étaient célébrés. Les Sarapieia restent, artistiquement et religieusement, des sanctuaires grecs.

Quelques faits d'exotisme délibérés peuvent cependant être relevés : on a vu que, parmi le personnel cultuel du Sarapieion C, certaines fonctions spécialisées pouvaient teinter d'orientalisme les rituels et les fêtes périodiques. L'architecture et le mobilier de ce même sanctuaire présentaient d'autres signes d'égyptianisme, dont l'allée de sphinx offre l'exemple le plus manifeste.

> *Datée de 90 environ, la dédicace de l'« allée de sphinx » est conservée en deux exemplaires qui étaient probablement disposés de part et d'autre de son entrée. Plusieurs membres du clergé du Sarapieion C y sont mentionnés. Les constructions sont consacrées à Sarapis, Isis, Anubis, Harpocrate et Hydreios, une divinité hydrique attestée à plusieurs reprises dans le sanctuaire et manifestement associée au grand puits identifiable à l'hydreion des inscriptions, auquel conduit l'allée. La dédicace mentionne, outre les sphinx, divers aménagements : le dallage et les autels, encore visibles sur le terrain, et l'horloge qui n'a pas été retrouvée.*
>
> Un tel (Démétrios ?), fils de Nicias [d'Alexandrie ?], mélanéphore, en son nom propre et au nom de sa femme, Patrophila, de ses enfants, Nicias et Apollonia, et de son parent Cléon, fils de Cléon, a consacré à ses frais les autels, le dallage, les sphinx et l'horloge, à Sarapis, Isis, Anubis, Harpocrate et Hydreios, sous la prêtrise d'Artémidoros, fils d'Apollodoros, du dème de Lamptrai ; Théophilé, fille d'Artémidoros du dème de Lamptrai, étant canéphore ; Euodos étant zacore.
>
> *ID* **2087** et *ID* **2088**

(4) *La dédicace de l'allée de sphinx*

On sait par sa dédicace que cette avenue dallée a été aménagée au début du Ier s., peut-être vers 90 : deux plaques en ont conservé le texte, mais le nom du dédicant s'est perdu dans une lacune (encart 4). Quatre exemplaires fragmentaires des statuettes de sphinx qui ornaient cette allée nous sont parvenus (**36**). En dépit de leur mutilation, on reconnaît qu'ils portaient une perruque à l'égyptienne. Ils sont taillés dans un calcaire marin de couleur grisâtre, rarement usité pour la sculpture. Leur disposition n'est pas assurée, mais on suppose qu'ils occupaient les bases de forme rectangulaire qui alternent avec des massifs de plan carré, probablement les autels mentionnés eux aussi dans la dédicace. Quelle que soit sa restitution exacte, une voie bordée de sphinx constitue clairement une référence à l'Égypte. Elle conférait une coloration exotique à un sanctuaire de type plutôt hellénique.

Le mobilier des sanctuaires comporte par ailleurs une série d'*aegyptiaca*, terme sous lequel on désigne aussi bien les objets réellement égyptiens que les imitations localement produites. Une belle statuette de danseuse provenant de Saïs, datée de la XXXe dynastie ou du début de l'époque ptolémaïque (**37**), ne présente

Cultes et sanctuaires égyptiens à Délos

aucun rapport avec les cultes isiaques ni avec Délos mais a dû être rapportée d'Égypte, puis déposée comme offrande dans le sanctuaire par un fidèle épris d'exotisme. La statuette féminine provenant du Sarapieion C, dont seuls les pieds et le bas des jambes enserrées dans une tunique sans plis sont conservés, offre un exemple d'objet égyptisant sans doute produit à Délos par un artisan local familier de l'esthétique égyptienne (8). Il en est de même des sphinx de l'allée ou de la statuette d'Anubis déjà évoquée (10).

Les inventaires laissent penser que, dès le début du IIᵉ s., d'autres images égyptisantes ou apportées d'Égypte ont pu être conservées au Sarapieion C : dans le temple d'Isis sont mentionnées en 156-155 deux statues ou statuettes en bois doré, exposées dans des édicules de bois affectant sans doute la forme d'un temple. La technique comme le mode de présentation procèdent de traditions égyptiennes.

Dévotion individuelle

Jusqu'à présent, il n'a été question que des monuments du culte égyptien attachés aux Sarapieia et de la religion que l'on peut dire instituée, même lorsqu'elle s'exerce dans le cadre d'un sanctuaire privé ou au sein d'associations de fidèles. La ville de Délos a aussi livré quelques objets et inscriptions qui témoignent de la pénétration des dieux isiaques au sein de la population de l'île. Ils peuvent constituer le signe d'une dévotion individuelle, voire de l'existence de cultes domestiques. Sarapis, à en croire le texte de la Chronique, fut d'abord célébré dans la demeure d'Apollonios l'Égyptien, avant qu'un véritable sanctuaire ne lui soit construit. Si ce récit doit être interprété avec prudence, les trouvailles effectuées sur le site de Délos montrent que les dieux du cercle isiaque étaient présents dans les maisons déliennes tout au long du IIe s. et au début du Ier s.

LES *ISIACA* DANS LES MAISONS ET DANS LES TOMBES

Des quartiers d'habitation proviennent de nombreuses statues, statuettes, bijoux et amulettes ainsi que des inscriptions. Ces objets sont pour la plupart issus de fouilles anciennes, si bien que leur lieu de découverte n'est pas toujours assuré. En outre, tous ne doivent pas être systématiquement associés à des cultes domestiques. Certains peuvent avoir été en vente dans des boutiques ou dans des ateliers, comme on peut le supposer d'un relief représentant Isis Pélagia, découvert dans une boutique de l'Agora des Italiens (★, 3). D'autres peuvent avoir été déplacés des sanctuaires et remployés dans des maisons ou dans d'autres constructions ; c'est le cas par exemple d'une dédicace découverte dans l'escalier du Réservoir de l'Inopos (★). Certains sont pourtant considérés comme des témoins du culte domestique : une dédicace à Sarapis, Isis et Anubis proviennent d'une maison proche de l'Agora de Théophrastos (★), une autre d'une maison située non loin du musée. On peut faire le même constat à propos des statuettes en terre cuite à sujets égyptiens ou égyptisants dont la provenance rarement assurée empêche de reconnaître la destination.

Si leur contexte demeure incertain, ces objets témoignent de la place et de la popularité des dieux égyptiens parmi la population délienne. Un relief qui provient d'une maison située près de l'autel de Dionysos (★) unit de manière originale des symboles isiaques et des thèmes dionysiaques (**38**). On y voit un homme de face, vêtu d'une courte tunique, tenant dans sa main droite un thyrse*. À ses côtés, une coiffe occupe le centre de l'image, composée de deux plumes dressées sur un disque solaire, placé entre deux cornes de vache, sous lesquelles sont également entrelacés des épis noués par des rubans. À droite enfin, est représenté un thyrse un peu plus court que celui tenu par le personnage. L'image exprime peut-être les croyances personnelles des habitants de la demeure.

Dans la maison de Fourni, située dans la campagne délienne, ont été recueillis plusieurs reliefs sculptés à sujets religieux, en particulier deux coiffures isiaques (A 6994 ; A 4019 : **39**) et une scène de banquet (A 4014). Ces objets étaient toutefois mêlés à d'autres images sans rapport avec les cultes égyptiens et la fonction de l'édifice elle-même est débattue : on a proposé de faire de cette grande maison le local d'une association, d'autant que, dans la cour principale, se trouvaient des autels maçonnés et stuqués qui pouvaient servir à des célébrations religieuses. Les reliefs témoigneraient de l'attachement religieux pour le moins éclectique des membres de cette association.

Plusieurs tombes de la nécropole de Délos, située dans l'île de Rhénée, ont également livré des éléments qui indiquent une dévotion des défunts envers les dieux isiaques. Quelques statuettes de terre cuite et, surtout, une tombe que l'on a parfois considérée comme étant celle d'un fidèle ou d'un prêtre d'Isis, peuvent être signalées. Dans cette dernière se trouvait un très bel exemplaire

(38)

(39)

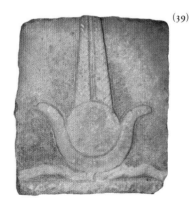

de sistre* en bronze (40), instrument caractéristique des cultes égyptiens, attribut de la déesse Isis et objet cérémoniel. La personne inhumée dans ce tombeau devait faire montre d'une fidélité particulière envers la déesse ; peut-être même était-elle à son service ou, comme on l'a parfois pensé, initiée à ses mystères. La stèle funéraire d'un couple, Kerdon fils de Rhodon et Parthénis, découverte à Égine, mais provenant sans doute de Rhénée, est décorée d'un sistre et d'une petite boîte fermée d'un couvercle analogue à celle qui apparaît sur une stèle isiaque à Athènes. On peut supposer que ces deux défunts étaient des fidèles des dieux égyptiens

(40)

ou, du moins, de la déesse Isis. Cette stèle est datée du Iᵉʳ ou du IIᵉ s. de notre ère, à l'époque impériale. Elle montre l'attachement durable aux cultes égyptiens de la population restée à Délos après les « catastrophes » de 88 et de 69, qui ont vu le départ de nombreux habitants.

L'abondance des références aux dieux égyptiens à Délos, en dehors des sanctuaires qui leur sont spécifiquement consacrés, invite une fois encore à souligner leur normalité : ils ne sont ni marginaux ni exotiques, mais font au contraire intégralement partie de la religion délienne. Ces images cohabitent d'ailleurs, dans les maisons ou dans les différents contextes où elles ont été trouvées, avec des représentations de dieux helléniques ou avec celles d'autres divinités orientales ; les dieux égyptiens ne sont pas une catégorie à part, mais se fondent au contraire dans la synthèse religieuse qui caractérise l'île à la fin du IIᵉ s.

HARPOCRATE, DIVINITÉ DOMESTIQUE

L'image d'Harpocrate est particulièrement populaire dans le domaine privé à Délos, alors que sa place dans les sanctuaires de Sarapis est plus secondaire. Son nom apparaît régulièrement dans les dédicaces du Sarapieion C à partir de la fin du IIᵉ s. Toutefois, il ne possédait pas son propre temple. Sa statue se trouvait peut-être dans le *naos** de sa mère, Isis : selon un inventaire daté de 145-144, le dieu avait reçu d'une certaine Hiérocleia un manteau, une tunique et une ceinture à disque d'argent qui sont conservés dans le temple de la déesse. Si le jeune dieu est un peu marginal dans les sanctuaires déliens, il est en revanche fréquemment attesté dans l'iconographie domestique. Des statuettes en terre cuite, de provenance incertaine le plus souvent, le montrent coiffé du *pschent** (parfois sous une forme abâtardie et peu lisible), portant l'index de la main droite à sa bouche (**41**). On retrouve également son image sur des pendeloques (**42**). Ces représentations sont conformes à l'iconographie ordinaire d'Harpocrate dans le monde grec.

Les fouilles de Délos ont également livré des images moins convenues de ce dieu, qui toutes proviennent de contextes privés. Une statue de jeune garçon dont les jambes se terminent en forme de pilier hermaïque a été reconnue comme une représentation d'Harpocrate (**43**). Le dieu tenait dans sa main gauche une corne d'abondance, dont ne subsiste que la partie inférieure, et sa tête, coiffée d'un bandeau (*strophion*), signale également son identité. Cette statue a été

(**41**)

Cultes et sanctuaires égyptiens à Délos

découverte en 1903 dans le « quartier marchand », situé près du port de Délos. Une statue d'un type analogue (A 4262), mais plus grande, a été trouvée elle aussi dans une demeure privée connue sous le nom de « maison de la colline ». Le dieu est drapé d'un épais manteau et ses pieds sont remplacés par un pilier. La statue est mutilée mais on peut supposer qu'elle tenait également une corne d'abondance de la main gauche : ce qui en est conservé indique un geste analogue à celui de la première statue. Le visage est celui d'un dieu juvénile et souriant. Sa coiffure également retient l'attention : les cheveux forment deux masses bombées au-dessus du front, tandis que deux mèches retombent de part et d'autre du visage, jusqu'aux épaules. Cette coiffure est probablement une adaptation de la couronne en forme de lotus que porte parfois Harpocrate et des « boucles libyques », caractéristique fréquente des représentations alexandrines.

Ces deux statues, ainsi que des fragments ayant pu appartenir à des objets analogues, présentent une image singulière d'Harpocrate dont il existait peut-être des exemples hors de Délos. Elles paraissent relever d'une création proprement hellénistique, peut-être même imputable à des ateliers déliens. Quoi qu'il en soit, elles manifestent la popularité de ce dieu enfant, protecteur du foyer, qui était probablement l'objet d'une dévotion particulière dans l'île.

(42)

— 54 —

Cultes et sanctuaires égyptiens à Délos

Conclusion

Parmi les villes de Méditerranée orientale où les cultes isiaques étaient bien établis à l'époque hellénistique, aucun site n'offre au chercheur autant de facilité pour les étudier que celui de Délos. Si l'étude de l'immense documentation qu'il a livrée n'est pas achevée à ce jour, ce panorama aura fait voir au lecteur toute la diversité des questions que les vestiges déliens permettent d'aborder. Les fouilles qui ont repris depuis le début des années 2000 dans chacun des trois sanctuaires ont apporté leur lot de nouveautés et parfois de surprises, enrichissant notre connaissance du panthéon délien, de l'organisation des cultes et des pratiques religieuses. Outre ces aspects proprement locaux, il importe de souligner encore le cosmopolitisme de la population qui, vivant dans l'île, fréquentait les Sarapieia et a contribué à la diffusion des croyances qui y sont associées, notamment en Italie.

Lexique

Archithiasite : chef d'un thiase, c'est-à-dire d'une association religieuse.

Arétalogie, arétalogue : hymne qui loue les vertus (*arété*) des dieux ; personne en charge de sa rédaction ou de sa récitation.

Bomos (plur. : *bomoï*) : terme grec couramment employé en archéologie pour désigner un autel dont la table est surélevée par un massif, plus ou moins développé ou imposant. Les *bomoi* peuvent être des éléments de mobilier de dimension modeste ou des constructions monumentales.

Canéphores : littéralement « porteuses de corbeilles » ; jeunes Athéniennes de bonnes familles qui participent aux cultes publics. Leur rôle dans le culte de Sarapis est mal connu. Elles étaient peut-être plus spécifiquement attachées à celui d'Isis.

Cella : terme latin, employé en architecture pour désigner la pièce principale d'un temple.

Cleidouque : « détenteur des clés ». La charge est confiée dans le Sarapieion C à un Athénien de bonne famille. Ce titre ne se rencontre pas souvent dans les sanctuaires isiaques en dehors de Délos. Le cleidouque était peut-être un gardien chargé de la surveillance des biens sacrés ; on a voulu aussi le mettre en rapport avec le rituel égyptien de l'ouverture journalière des temples.

Eschara (plur. : *escharai*) : « foyer ». Ce terme est utilisé pour désigner un type d'autel, appelé parfois « autel creux » ou « autel-foyer », qui consiste en un foyer posé sur le sol ou dans une cavité. L'*eschara* peut être contenue dans une enceinte construite : on connaît ainsi à Délos des bâtiments appelés *escharônes* (*escharôn* au singulier), qui désignent ces constructions.

Hathorique (couronne ou coiffe) : coiffure en forme de cornes de vache entre lesquelles se trouve le disque solaire, parfois surmonté de deux plumes et posé sur des épis. Elle constitue un symbole de la déesse égyptienne Hathor, assimilée parfois à la divinité grecque Déméter. La couronne est aussi très souvent associée à Isis, en particulier dans le cadre des cultes isiaques hors d'Égypte.

Holocauste : sacrifice lors duquel l'animal offert au dieu est entièrement brûlé, en général dans une *eschara*.

Lamptérophores : porteuses de flambeaux lors de cérémonies nocturnes associées aux cultes isiaques.

Naos : terme grec signifiant « temple ». On l'emploie parfois, comme le mot latin *cella*, pour désigner la partie la plus sacrée du temple.

Néocore : assistant du prêtre. Le titulaire est un Délien, tiré au sort parmi les citoyens et rétribué pour sa charge. Le titre n'apparaît plus après 167 (*IG* XI, 1032).

Oneirocrite : interprète des songes. Le titre apparaît dans les inscriptions du Sarapieion C dès l'époque de l'Indépendance (*ID* 2071).

Pastophores, *pastophorion* : catégorie de prêtres ou membres d'une association de fidèles (la signification du terme est débattue) ; local destiné à leurs réunions (*ID* 2124 ; *ID* 2085).

Propylon : vestibule. Dans le vocabulaire architectural, le terme désigne l'entrée monumentale d'un sanctuaire.

Pschent : terme grec désignant la double couronne des pharaons égyptiens. Le *pschent* est aussi porté par Harpocrate dans l'iconographie hellénistique de cette divinité.

Sénatus-consulte : décision officielle du Sénat romain.

Sistre : instrument de musique, sorte de hochet métallique que l'on agitait pour produire un son. Plusieurs exemplaires antiques ont été retrouvés, dont l'un provient d'une tombe de Rhénée. L'instrument figure sur de très nombreuses images représentant des cérémonies isiaques (processions ou fêtes dans les sanctuaires). Il trouve son origine en Égypte où il était utilisé lors des fêtes en l'honneur d'Hathor.

Thériomorphes : littéralement « de forme bestiale ». Les divinités égyptiennes sont fréquemment représentées sous des formes animales ou partiellement animales.

Thyrse : dans l'imagerie grecque, le thyrse est un attribut de Dionysos ou de ses compagnons (ménades ou satyres). Il est figuré la plupart du temps comme un long bâton de bois surmonté d'une pomme de pin ; la hampe est parfois ornée de feuillages (tiges de lierre ou pampres de vigne).

Thysia : terme que l'on traduit généralement par « sacrifice ». Le mot grec *thysia* désigne une cérémonie où un animal est tué puis partagé entre les dieux et les hommes : la part destinée aux dieux est brûlée sur un *bomos* ; les participants à la cérémonie consomment l'autre part.

Uphiereus : prêtre subalterne.

Zacore : le zacore fait office de sacristain et d'assistant du prêtre dans le Sarapieion C (*ID* 2104). La charge était annuelle, mais au début du Ier s. le même personnage l'a exercée pendant dix-huit ans.

Pour aller plus loin

Délos (généralités)
Ph. Bruneau *et al.* (éd.), *Délos, île sacrée et ville cosmopolite* (1996).
Ph. Bruneau, J. Ducat, *Guide de Délos*, 4ᵉ éd. (2005).
Cl. Prêtre *et al.*, *Nouveau choix d'inscriptions de Délos : lois, comptes et inventaires* (2002).

Cultes et dieux isiaques (en Grèce)
A. Bernand, *Alexandrie des Ptolémées* (1995).
L. Bricault, *Les cultes isiaques dans le monde gréco-romain*, documents réunis, traduits et commentés (2013).
Fr. Dunand, *Isis, mère des dieux* (2000, rééd. 2008).

Cultes et dieux isiaques à Délos
M.-Fr. Baslez, *Recherches sur les conditions de pénétration et de diffusion des religions orientales à Délos (IIᵉ-Iᵉʳ siècle avant notre ère)* (1977).
P. Roussel, *Les cultes égyptiens à Délos du IIIᵉ au Iᵉʳ siècle av. J.-C.* (1915-1916).

Études spécialisées

C. E. Barrett, *Egyptianizing Figurines from Delos: A Study in Hellenistic Religion* (2011).

H. Brun-Kyriakidis, « L'exposition des statues-portraits dans le Sarapieion C de Délos », dans R. von den Hoff, Fr. Queyrel, E. Perrin-Saminadayar (éd.), *Eikones, portraits en contexte : recherches nouvelles sur les portraits grecs du Vᵉ au Iᵉʳ s. av. J.-C.* (2016), p. 65-87.

Ph. Bruneau, « Le Quartier de l'Inopos à Délos et la fondation du Sarapieion A dans un "lieu plein d'ordure" », dans *Études déliennes* (1973), p. 111-136.

Ph. Bruneau, « Le *dromos* et le temple C du Sarapieion C de Délos », *BCH* 104.1 (1980), p. 161-188.

M. Leguilloux, H. Siard, « Rituels sacrificiels et offrandes animales dans le Sarapieion C de Délos », dans G. Ekroth, J. Wallensten (éd.), *Bones, Behaviour and Belief: The Zooarchaeological Evidence as a Source for Ritual Practice in Ancient Greece and Beyond* (2013), p. 167-179.

J. Marcadé, *Au musée de Délos* (1969).

J. Marcadé, « L'image sculptée d'Harpocrate à Délos », *Bulletin de la classe des beaux-arts* 71 (1989), p. 242-276.

I. S. Moyer, *Egypt and the Limits of Hellenism* (2011).

H. Siard, « Le style égyptien et les échanges d'art dans les *Sarapieia* de Délos », *Revue d'archéologie moderne et d'archéologie générale* 14 (2001), p. 133-148.

H. Siard, « L'*hydreion* du Sarapieion C de Délos : la divinisation de l'eau dans un sanctuaire isiaque », dans L. Bricault, M. J. Versluys, P. G. Meyboom (éd.), *Nile into Tiber: Egypt in the Roman World* (2007), p. 417-447.

H. Siard, « Les sceaux du Sarapieion C de Délos », *BCH* 134.1 (2010), p. 195-221.

Textes cités

Légendes des figures

Plan 1 — Délos, plan de l'ensemble des ruines de la plaine principale (d'après J.-Ch. Moretti [éd.], *Atlas*, 2015) : localisation des Sarapieia et des édifices mentionnés dans le texte.

Plan 2 — Délos, quartier de l'Inopos (d'après J.-Ch. Moretti [éd.], *Atlas*, 2015) : localisation des édifices mentionnés dans le texte.

P. 2-3 — Vue du site de Délos en 1910 (Société archéologique d'Athènes).

1. Colonne portant le texte de la Chronique du Sarapieion, photographiée dans le Sarapieion A en 1912.

2. Oreilles en bronze consacrées à Isis (Archétype 82, dessin Fr. Siard).

3. Relief provenant de l'Agora des Italiens représentant Isis Pélagia [A 3187] (cliché H. Brun-Kyriakidis).

4. Statuette en marbre d'Isis portant une corne d'abondance [A 378], trouvée au nord-ouest de la maison de Dionysos (cliché Ph. Jockey).

5. Intaille représentant une corne d'abondance, trouvée dans l'*eschara* sud du Sarapieion C (cliché Ph. Collet et dessin Fr. Siard).

6. Statuette de Sarapis trônant [A 1936], Sarapieion B.

7. Statue d'Isis dans la chapelle I, Sarapieion C (cliché H. Brun-Kyriakidis).

8. Statuette égyptisante fragmentaire [A 2148] avec une dédicace [*ID* 2145], Sarapieion C.

9. Empreinte d'un sceau provenant de l'*eschara* sud du Sarapieion C : couronne hathorique (dessin Fr. Siard).

10. Statuette fragmentaire représentant Anubis [A 5280], Sarapieion A.

11. L'allée de sphinx en cours de dégagement en 1909, Sarapieion C.

12. Sarapieion A, axonométrie (dessin F. F. Muller).

Cultes et sanctuaires égyptiens à Délos

Crédits iconographiques : EFA, sauf mention contraire.

Sommaire

Achevé d'imprimer
en septembre 2021
par n.v. PEETERS s.a.
ISBN : 978-2-86958-524-9
Dépôt légal : 4e trimestre 2021

Directrice : Véronique Chankowski – Responsable des publications : Bertrand Grandsagne – Suivi éditorial : EFA, Iris Granet-Cornée – Conception graphique, prépresse : EFA, Guillaume Fuchs